EVANGELHO EM CASA

CHICO XAVIER
Pelo Espírito MEIMEI

EVANGELHO EM CASA

OBRA PSICOGRAFADA POR FRANCISCO CÂNDIDO XAVIER

Copyright © 1959 *by*
FEDERAÇÃO ESPÍRITA BRASILEIRA – FEB

14ª edição – 14ª impressão – 1 mil exemplares – 8/2024

ISBN 978-85-7328-125-5

Todos os direitos reservados. Nenhuma parte desta publicação pode ser reproduzida, armazenada ou transmitida, total ou parcialmente, por quaisquer métodos ou processos, sem autorização do detentor do *copyright*.

FEDERAÇÃO ESPÍRITA BRASILEIRA – FEB
SGAN 603 – Conjunto F – Avenida L2 Norte
70830-106 – Brasília (DF) – Brasil
www.febeditora.com.br
editorial@febnet.org.br
+55 61 2101 6161

Pedidos de livros à FEB
Comercial
Tel.: (61) 2101 6161 – comercial@febnet.org.br

Adquirindo esta obra, você está colaborando com as ações de assistência e promoção social da FEB e com o Movimento Espírita na divulgação do Evangelho de Jesus à luz do Espiritismo.

Dados Internacionais de Catalogação na Publicação (CIP)
(Federação Espírita Brasileira – Biblioteca de Obras Raras)

M513e	Meimei (Espírito)
	Evangelho em casa / pelo Espírito Meimei; [psicografado por] Francisco Cândido Xavier – 14. ed. – 14. imp. – Brasília: FEB, 2024.
	80 p.; il. color.; 23 cm
	ISBN 978-85-7328-125-5
	1. Literatura infantojuvenil espírita. 2. Espíritas – Educação – Literatura infantojuvenil. 3. Obras psicografadas. I. Xavier, Francisco Cândido, 1910–2002. II. Federação Espírita Brasileira. III. Título.
	CDD 133.93
	CDU 133.7
	CDE 81.00.00

SUMÁRIO

7 Evangelho em casa

9 Primeira reunião

21 Segunda reunião

35 Terceira reunião

51 Quarta reunião

65 Quinta reunião

Evangelho em casa

Praticas cultos diversos em casa, de maneira imperceptível.

O culto da limpeza.

O culto do pão.

O culto do carinho.

O culto da segurança.

O culto do bem-estar.

A higiene externa, entretanto, pode não incluir a pureza dos pensamentos.

Estômago farto nem sempre é conforto do espírito.

Carinho, em muitas circunstâncias, exprime apego sem ser amor.

Segurança financeira não é fortaleza intrínseca.

Bem-estar, muita vez, é provisória ilusão.

Se abraçaste realmente a Doutrina Espírita, não podes ignorar que o culto do Evangelho te ensinará a valorizar todos eles, porquanto, com o Cristo, a limpeza começa na consciência, o pão do conhecimento nutre a alma antes do corpo, a segurança é harmonia moral, o carinho é entendimento fraterno e o bem-estar é realmente a consagração de cada um ao bem de todos.

Pensando nisso, oferece-te Meimei as páginas deste livro.

Possa ele, pois, ajudar-te na formação do teu núcleo de Evangelho entre as paredes do próprio lar, porque, se a Doutrina Espírita é o Cristo em luz para a Humanidade, acima de tudo é a luz do Cristo no coração.

EMMANUEL
Uberaba, 10 de outubro de 1959

Primeira reunião

Encorajada pelo esposo, dona Zilda, naquele belo domingo de abril, colocou sobre a mesa a melhor toalha de que dispunha.

Alinhou dois livros carinhosamente tratados – um exemplar do Novo Testamento e outro de *O Evangelho segundo o Espiritismo*.

Em seguida, trouxe pequeno vaso com água pura.

Soaram seis horas da tarde.

O senhor Veloso, chefe da família, entrou no aposento, acompanhado de Lina e Cláudio, filhinhos do casal, quase meninos, e de Marta, jovem servidora que parecia ter mais de vinte anos de idade.

Dona Zilda perguntou pela filha mais velha, Sílvia, e por dona Júlia, a irmã viúva que residia junto deles, na mesma casa.

Veloso, porém, notificou que ambas se haviam esquivado. Não desejavam partilhar o novo hábito doméstico.

Sem mais demora, como se todos já houvessem estabelecido o propósito de a ninguém reprovar, o pequeno grupo assentou-se tranqüilo.

Pairava brando silêncio, quando Veloso ergueu a voz e orou, comovido.

Prece inicial

Senhor Jesus!

Quando Deus não é colocado por centro de nossa vida, perdemos o rumo, quais viajores que se distanciam da luz, caindo nas trevas... E és entre nós, Senhor, a imagem mais fiel do Pai que nos criou.

Para nos reunires a Ele, deste-nos em teu Evangelho de amor o caminho da redenção. Concede-nos, assim, a força de percorrê-lo! Inspira-nos a compreensão de tua palavra, porquanto sabemos que o Reino de Deus, como felicidade eterna, há de começar em nós mesmos.

Guia-nos, Mestre, e ajuda-nos a entender-te a vontade! Assim seja.

Leitura

Finda a prece, solicitou Veloso que a filhinha abrisse o Novo Testamento ao acaso.

Efetuada a operação, Lina passou o livro ao exame paterno.

O diretor da pequenina assembléia deteve-se, por momentos, contemplando a fisionomia da página, e leu, depois, o versículo 14, do capítulo 4, nos Apontamentos do Apóstolo João Evangelista:

"Mas, aquele que beber da água que eu lhe der nunca terá sede, porque a água que eu lhe der se fará nele uma fonte de água que salte para a vida eterna."

Logo após, atendendo à recomendação do esposo, dona Zilda consultou *O Evangelho segundo o Espiritismo*, igualmente ao acaso, e leu nas "Instruções dos Espíritos", do capítulo XVII, a mensagem de Lázaro, intitulada "O dever".

Lina abrindo o Novo Testamento.

Comentário

Feito silêncio, Veloso analisou, sereno:

– Em nossa reunião temos o objetivo de estudar os ensinamentos do Cristo, de modo a percebermos com mais segurança o quadro de nossas obrigações.

Aceitamos a Doutrina Espírita, em nome de Jesus; entretanto, como dignificá-la, sem conhecimento das lições do Divino Mestre?

Na informação do evangelista, diz o Senhor: "Quem beber da água que eu lhe der nunca terá sede, porque essa água se fará nele qual fonte de água viva."

Anotamos, em seguida, nos ensinamentos coligidos por Allan Kardec, a palavra de Lázaro quanto à excelência do dever como "lei da vida".

Naturalmente, aludindo à água que nos oferta, reportava-se Jesus aos princípios redentores de que se fez mensageiro.

Quem lhes absorva a essência sublime decerto se renovará integralmente, abrindo novo caminho aos próprios pés.

E, ligando a promessa do Senhor à conceituação da mensagem lida, reconheceremos claramente que Jesus não apenas nos reconfortou a existência física, descerrando-nos luminosa esperança ao sentimento ou curando-nos os corpos doentes, mas, acima de tudo, nos traçou normas de ação, ante as quais nos compete aperfeiçoar o senso de disciplina.

A fim de compreendermos semelhante verdade, estampou as suas instruções em sua própria conduta.

Desceu das Esferas Superiores, sem preocupar-se com a dureza de nossos corações, e distribuiu amor e luz com todas as criaturas.

Começou, no entanto, pelos mais infortunados e mais tristes.

Andou entre os homens sem deles exigir considerações e privilégios.

Nasceu numa estrebaria e morreu numa cruz.

Amparou a quantos lhe partilharam a marcha, sem pedir agradecimento ou moeda.

Todavia, cada máxima que lhe saiu da boca representa um artigo da Lei Divina para a edificação do Reino de Deus entre nós.

O Reino de Deus inclui, porém, todo o Universo.

Assim, pois, onde palpite a consciência, seja na Terra ou noutros mundos, os princípios de Jesus constituem a religião viva.

Não é difícil, desse modo, apreender que o Celeste Amigo demarcou-nos a estrada real para a verdadeira felicidade, assim como estendemos trilhos sólidos, de acordo com a experiência da engenharia, para que a locomotiva alcance a meta.

Que acontece, entretanto, ao comboio que abandona as linhas da via férrea? Descarrila, provocando desastres. Ameaça a vida dos passageiros, além de estragar a si próprio.

Interpretemos nossos desejos e ideais, tarefas e obrigações, como sendo *passageiros* que transportamos conosco, e façamos de nossa mente o maquinista.

Se o maquinista não obedece às regras instituídas para a viagem, que é a nossa própria existência, converte-se a vida em aventura perigosa, na qual arruinamos os interesses e aspirações de que sejamos depositários, e perturbamos, conseqüentemente, a nós mesmos.

As lições de Jesus, portanto, indicando-nos a bondade e o serviço, a paciência e a humildade, a caridade e o perdão, expressam a senda que nos cabe trilhar, se quisermos viver em harmonia com a Lei de Deus.

Conversação

Terminando o comentário, Veloso explicou que seria interessante uma palestra rápida, a fim de que as idéias do "culto evangélico" fossem colocadas em movimento.

Depois da troca de expressivo olhar com a mãezinha, foi Lina quem tomou a iniciativa, perguntando:

– Papai, por que motivo não temos um retrato de Jesus, diante de nós, em nossas preces?

E o entendimento estabeleceu-se, afável.

Veloso – Filhinha, decerto não somos contra o trabalho artístico que mentaliza o Divino Mestre nas telas e esculturas que encontramos a cada passo, e um lar espírita pode guardar perfeitamente semelhantes recordações, sempre que não atentem contra a dignidade do Senhor e contra o respeito que devemos à obra cristã; contudo, nas atividades de nossa Doutrina, dispensamos apetrechos materiais, a fim de que não olvidemos a presença do Eterno Amigo dentro de nós mesmos.

Cláudio – E a água, papai?... Por que a água na mesa?

Veloso – Meu filho, a água é, reconhecidamente, um dos corpos mais sensíveis à magnetização. Nessa condição, armazena os recursos balsamizantes e curativos que nos são trazidos pelos Emissários Divinos ou por nossos Amigos Espirituais, em visita ao nosso recinto de orações.

Lina – Se tia Júlia mora conosco, não compreendo as razões por que se afasta de nossas preces.

D. Zilda – Júlia tem idéias religiosas diferentes das nossas.

Lina – E Sílvia?

VELOSO – Sílvia é hoje uma jovem com vinte anos. Cresceu sem que lhe dedicássemos qualquer cuidado ao problema da fé. Quando pequenina, Zilda e eu, muito inexperientes em matéria de responsabilidade, confiamo-la à guarda moral de Júlia. Não podemos agora reclamar-lhe uma atitude para a qual, em verdade, não a preparamos. – E sorrindo: – Segundo é fácil de notar, estamos começando o nosso culto do Evangelho em casa com um atraso de vinte anos...

CLÁUDIO – Com que fim precisamos estudar o Evangelho?

D. ZILDA – Para melhorar o coração, meu filho; para aprendermos que todos somos filhos de Deus e que devemos viver no mundo como irmãos uns dos outros.

MARTA – Para cumprirmos nossos deveres com alegria.

CLÁUDIO – Quer dizer (e fez um rosto brejeiro) que Lina não deve rusgar tanto com a *empregada*.

VELOSO – Meu filho, retifique a expressão. Marta não é nossa empregada, como se fora nossa escrava, e você se referiu a ela em tom de desprezo. É um erro ferir, mesmo sem intenção, aqueles que trabalham conosco, tratando-os como se estivessem em posição inferior. Marta é valiosa cooperadora de nossa casa, quanto sua mãezinha é abnegada auxiliar no estabelecimento de ensino a que presta serviço e quanto seu pai é colaborador no escritório de que recebe o pão. Sem que as mãos dela nos preparem a mesa, ser-nos-á difícil o desempenho das nossas obrigações.

D. ZILDA – Nosso culto do Evangelho é, assim, um meio para nos sentirmos mais compreensivos. Nem Lina precisa agastar-se com Marta nem nós mesmos uns com os outros. A alegria nascerá em nosso lar, do trabalho em conjunto. A cada qual de nós cabe o máximo de esforço para que a bondade e a ordem, o serviço e a gentileza permaneçam aqui com todos, para que a felicidade, brilhando conosco, se irradie de nós para os que nos cercam.

Nota semanal

Findo o entendimento geral, Veloso disse:

– Concluamos nossos estudos, cada semana, com alguma nota que nos enriqueça a meditação.

Nesse sentido, lembro-me hoje de uma lenda que pertence ao pensamento mundial. Adaptando-a às nossas necessidades, nomeá-la-ei:

O dever esquecido

Certo rei muito poderoso, sendo obrigado à longa ausência, tomou de grande fortuna e entregou-a ao filho, confiando-lhe a incumbência de levantar grande casa, tão bela quanto possível.

Para isso, o tesouro que lhe deixava nas mãos era suficiente.

Acontece, porém, que o jovem, muito egoísta, arquitetou o plano de enganar o próprio pai, de modo a gozar todos os prazeres imediatos da vida.

E passou a comprar materiais inferiores.

Onde lhe cabia empregar metais raros, utilizava latão; nos lugares em que devia colocar o mármore precioso, punha madeira barata, e nos setores de serviço, em que a obra reclamava pedra sólida, aplicava terra batida...

Com isso, obteve largas somas que consumiu, desorientado, junto de amigos loucos.

Quando o monarca voltou, surpreendeu o príncipe abatido e cansado, a apresentar-lhe uma cabana esburacada, ao invés de uma casa nobre.

O rei, no entanto, deu-lhe a chave do pequeno casebre e disse-lhe, bondoso:

— A casa que mandei edificar é para você mesmo, meu filho... Não me parece a residência sonhada por seu pai, mas devo estar satisfeito com a que você próprio escolheu...

Após ligeira pausa, Veloso advertiu:

— O conto impele-nos a judiciosas apreciações, quanto ao cumprimento exato de nossos deveres.

Comparemos o soberano a Deus, nosso Pai.

O príncipe da história poderia ter sido qualquer um de nós.

A fortuna para construirmos a moradia de nossa alma é a vida que Deus nos empresta.

Quase sempre, contudo, gastamos o tesouro da existência em caprichosa ilusão, para acabarmos relegados, por nossa própria culpa, aos pardieiros apodrecidos do sofrimento.

Mas, aqueles que se consagram à bênção do dever, por mais áspero que seja, adquirem a tranqüilidade e a alegria que o Supremo Senhor lhes reserva, por executarem, fiéis, a sua divina vontade, que planeja sempre o melhor a nosso favor.

Encerramento

Atendendo à solicitação de Veloso, dona Zilda orou, no encerramento:

— Senhor, agradecemos a riqueza que nos concedeste, a exprimir-se no lar que nos reúne.

Aqui nos situaste por amor, para que aprendamos a servir ao próximo, servindo a nós mesmos.

Inspira-nos resoluções elevadas, a fim de que a correção no desempenho de nossos deveres nos faça mais felizes e mais úteis.

Não permitas, Jesus amado, venhamos a esquecer as nossas obrigações, perante os teus ensinamentos, e abençoa-nos, hoje e sempre. Assim seja.

Dona Zilda distribuiu a água cristalina em pequenas porções com os familiares, enquanto a alegria lhes clareava o semblante. E Veloso, satisfeito, notou que Lina abraçava Marta, pela primeira vez, de modo diferente...

Segunda reunião

No domingo imediato, à mesma hora, dona Zilda preparou a mesa para o culto evangélico; entretanto, havia um problema a considerar.

Chovia muito e dona Romualda com a filhinha Milota, menina-moça, achavam-se em casa, de visita, e, em razão do temporal, adiavam o "até logo".

Ouvido no assunto, Veloso ponderou que o horário não devia ser modificado.

E alegou, sensato:

– É sempre distinto estender aos amigos um lanche ou um café... Por que não lhes proporcionar a bênção da oração?

Dona Zilda sorriu e, no instante preciso, dona Romualda e Milota, consultadas, aceitaram alegremente o ensejo que se lhes oferecia.

Prece inicial

Ante o grupo, agora acrescido de mais duas pessoas, Veloso orou, sensibilizado:

– Senhor Jesus, que, um dia, disseste "eu sou a luz do mundo", ilumina-nos a visão para que venhamos a conhecer o caminho em que te possamos atender a vontade. Permite, ó Mestre, que os teus mensageiros nos assistam e inspirem, e sustenta-nos o espírito para que sejamos dignos de tua confiança. Assim seja.

Leitura

Formulada a oração, o orientador do culto entregou a dona Romualda o exemplar do Novo Testamento, pedindo-lhe que o abrisse.

A interpelada, curiosa, atendeu.

Prosseguindo, Veloso procurou o trecho mais apropriado, lendo a sentença última do versículo 13, do capítulo 20, do Apocalipse: "...e foram julgados, cada um segundo as suas obras".

Desdobrando-se a consulta, foi Cláudio quem descerrou as páginas de *O Evangelho segundo o Espiritismo*, passando-o aos olhos paternos, que leram, no capítulo XVIII, inserta entre as "Instruções dos Espíritos", a mensagem de Simeão, intitulada "Pelas suas obras é que se reconhece o cristão".

Comentário

Aquietaram-se os presentes, e Veloso comentou:

– É importante observar como se ajustam hoje os textos lidos. *O Evangelho segundo o Espiritismo*, em perfeita consonância com o Novo Testamento, pede-nos atenção para as obras.

É que, por toda parte, vemos que Deus e o Homem se mostram associados em todas as realizações.

Ninguém constrói sobre o nada.

Algo que se faz reclama algo para que se faça.

Um engenheiro erguerá uma casa, mas, não prescinde do solo como base nem dispensa os materiais comuns para que a edificação se levante.

Um técnico fabricará certa máquina, mas, para isso, precisará dos recursos da terra.

Um pomicultor recolherá farta messe de frutos, contudo necessitou valer-se do campo.

Assim também, na esfera do pensamento.

Um professor de música ensinará essa arte sublime aos alunos, mas não conseguirá fazê-lo à distância dos conhecimentos acumulados pelos professores que o antecederam.

Como é fácil reconhecer, a matéria-prima para a moldagem dessa ou daquela obra, nesse ou naquele campo de trabalho, é formação de Deus, através das forças que o representam.

É o mesmo que se Deus nos enviasse a gleba e o metal, a árvore e o fio, a idéia e a experiência, para com eles fazermos a lavoura e a casa, a utilidade e a veste, a arte e a indústria que expressam, dessa forma, empreendimentos em que o Criador e a criatura tomam parte.

Deus é, assim, o sócio paternal de todas as iniciativas de seus filhos, os homens e as mulheres do mundo.

Em razão disso, a vida é responsabilidade a que não podemos fugir, porque, sendo a Natureza propriedade efetiva de Deus, ainda mesmo quando estejamos efetuando o mal, usamos o que pertence a Deus, para consumá-lo.

Exemplifiquemos.

Um administrador emprestará a determinado servo larga faixa de solo para que plante a boa semente e ajude a comunidade.

O servo, manobrando o livre-arbítrio, prevalecer-se-á intensamente da oportunidade, cultivando-a com todas as suas forças. Poderá proceder de maneira deficitária, aproveitando-a imperfeitamente, e, às vezes, abusará da concessão, seja entregando-a aos vermes destruidores, ou desviando-lhe as finalidades ao transformá-la em hospedaria de malfeitores.

Para o bem ou para o mal, o servo estará inevitavelmente ligado à obra que realizou, recebendo a paga de conformidade com o que fez.

Se tratou o empréstimo com dignidade, receberá mais terrenos e mais recursos; contudo, se trabalhou pelo mínimo, pequenina ser-lhe-á a remuneração de si para consigo; e, se dilapidou a dádiva, empregando-a com desonestidade, carregará consigo o arrependimento e a dor moral, até que se lhe elimine a sombra da culpa.

Veloso estampou significativa expressão e acentuou:

– Em todas as nossas ações, gastamos o que é de Deus, para fazer o que é nosso. É desse modo que a criatura imprime a marca de si mesma onde se encontre, quer queira quer não, e receberá sempre, conforme o ensinamento de Jesus, segundo as próprias obras.

Conversação

O diretor da equipe doméstica deu por finda a explanação, e o entendimento natural começou entre os circunstantes.

Cláudio falou em primeiro lugar, reclamando contra a chuva abundante que caía lá fora.

VELOSO – Meu filho, evitemos criticar a Natureza. Ainda agora, falávamos das concessões de Deus. Sol e chuva, calor e frio são processos da Providência Divina para doar-nos pão e saúde, equilíbrio e conforto.

O temporal que surja menos agradável ao nosso ânimo significa melhoria na fonte, flor no jardim, fruto no campo e alívio à tensão atmosférica.

Agradeçamos ao tempo, na expressão em que se manifeste, porque todo tempo é, no fundo, bênção de Deus.

LINA – Papai, o senhor se referia à nossa obrigação de sermos bons, usando os recursos de Deus... Compreendi que Deus é sempre bondoso e que, se aparece algum mal, em nossa vida, é por nossa conta.

VELOSO – Isso mesmo, filhinha.

D. ZILDA – Imaginemos uma enxada e um lavrador. A enxada foi concedida ao lavrador para que ele a empregue no amanho do solo e, em companhia dela, atinja a colheita farta. Mas se o cultivador a utiliza por instrumento de agressão, na pessoa de um companheiro, isso ocorre sob a responsabilidade do seu sentimento infeliz e não do programa de serviço. A enxada, que é boa, nada tem que ver com a falta cometida...

VELOSO – Idéia muito bem lembrada. Em verdade, somos sempre nós, as criaturas humanas, quem cria o mal.

MILOTA (Mostrando-se desajustada) – Vocês não costumam freqüentar o cinema aos domingos?

LINA – Papai e mãezinha julgam mais convenientes, para nós, as exibições que se fazem durante o dia...

MILOTA – Pensei que fossem contra...

"A enxada foi concedida ao lavrador para que ele a empregue no amanho do solo e, em companhia dela, atinja a colheita farta."

D. Zilda (Sorrindo) – Não, Milota, não somos contra o cinema. Isso seria agir contra o progresso. Veloso e eu, no entanto, cremo-nos na obrigação de selecionar os filmes que nos possam tomar tempo. O cinema é poderoso fator de influência e ninguém precisa buscar exemplos infelizes.

D. Romualda – Perdoem a Milota pela intromissão. Minha filha não está percebendo a seriedade de nossa reunião e trouxe à baila um tema inoportuno. Aliás, quero acreditar que o exame do Evangelho, como está sendo feito, permite a exposição dos mais íntimos problemas que nos afligem...

Veloso – Sem dúvida.

D. Romualda (Desdobrando um fragmento de jornal que trazia na bolsa) – Desde a semana passada, tenho um caso que sobremaneira me preocupa. (E estendendo o noticiário) – Trata-se do dr. Neves, meu vizinho, homem admirável por suas virtudes sociais e domésticas. Advogado correto e funcionário distinto, foi baleado na via pública... Não sei se deva falar neste assunto aqui...

Veloso – Como não? Os quadros da vida, expostos na imprensa, podem e devem ser estudados respeitosamente à luz da Doutrina Espírita.

D. Romualda – Conheci o dr. Neves. Era homem de procedimento exemplar. Soube-se que havia contrariado propósitos desonestos de uma empresa, na repartição em que servia, adquirindo, então, imerecidamente, o ódio que o abateu, sem que, até hoje, se descubra o assassino... Um acontecimento assim, tão lamentável, espanta, e fere a gente... Como interpretá-lo do ponto de vista espírita?

Veloso – Apenas a reencarnação poderá confortar-nos. Certamente, o dr. Neves, em alguma de suas existências passadas, que, de momento, não podemos precisar, terá cometido um delito desses, na pessoa de alguém...

D. Romualda – Mas, estamos assim expostos a semelhante rigor? Se um homem que exterminou a vida de outro, utilizando um revólver, deverá igualmente morrer na existência seguinte, por golpes de arma da mesma espécie, jamais encerraremos a carreira do crime.

D. Zilda – Aliás, disse Jesus ao Apóstolo Pedro: "quem fere pela espada, pela espada morrerá".[1]

Veloso – Mas, o mesmo Divino Mestre ensinou que se deve perdoar setenta vezes sete, que é nossa obrigação amar os inimigos e orar em favor daqueles que nos injuriam e nos perseguem. E se disse a Pedro a exortação a que nos reportamos, inspirou o mesmo apóstolo para que deixasse em sua carta a promessa divina de que "o amor cobrirá a multidão de nossos pecados"[2], induzindo-nos, dessa maneira, à "caridade ardente uns para com os outros". Os Instrutores Espirituais ensinam-nos que o bem praticado atenua ou extingue o mal que causamos a outrem, ferindo a nós mesmos. Em muitas circunstâncias, somos desculpados por nossas vítimas; entretanto, o débito que contraímos permanece registrado na Lei da Eterna Justiça, reclamando resgate. Em que idade o dr. Neves sofreu o assalto a que aludimos?

D. Romualda – Aos cinqüenta.

Veloso – Suponhamos que ele, em uma de suas existências passadas, tenha sido o autor de um homicídio, nas mesmas condições, ao contar meio século de experiência física. Aceita essa

---

[1] Mateus, 26:52.
[2] I Pedro, 4:8.

hipótese, admitamos tenha pedido, antes de renascer no berço terreno, uma provação expiatória como a que acaba de deixar... Se vivesse incorretamente, é possível tivesse encontrado o golpe em alguma dissipação, atraindo a censura alheia em seu desfavor; todavia, cumprindo irrepreensivelmente os seus deveres, como aconteceu, foi vítima perfeita, sem ser o algoz de ninguém, adquirindo, assim, larga onda de simpatia e respeito em seu benefício. Contudo, presumamos que o dr. Neves, além das próprias obrigações, procurasse, acima de tudo, a prática do bem ao próximo, sem qualquer espírito de recompensa... Aos cinqüenta de idade, por trazer na própria alma os sinais da falta cometida, provavelmente experimentaria moléstia grave, no órgão ligado ao assunto, e desencarnaria em conseqüência. E talvez, se o mencionado irmão fizesse dessa mesma conduta um apostolado de abnegação incessante, no amparo aos necessitados, ao atingir meio século no corpo físico, possivelmente viria a padecer a enfermidade conseqüente, obtendo, porém, mais tempo de abençoada internação nos serviços da Terra, à maneira do devedor que consegue expressiva moratória por merecimento adquirido...

D. Romualda – Nobres conclusões! Entendemos, assim, com mais segurança, a função da dor...

D. Zilda – Compreendemos, então, que tanto maior seja a soma de bem que façamos, mais amplo se nos faz o crédito, diante da Lei Divina.

Veloso – Evidentemente.

Milota – Dona Zilda, que devemos classificar como sendo o bem?

D. Zilda – Creio, filha, que o bem real para nós será sempre fazer o bem aos outros em primeiro lugar.

D. Romualda – Bela definição!

Lina – Mãezinha, quando tentamos dominar os nossos pensamentos de preguiça ou de insubordinação, a fim de sermos melhores para os outros, é igualmente um bem, não é?

D. Zilda – Bem muito grande, muito louvável.

Marta (Sorrindo) – Devo comunicar ao senhor Veloso e a dona Zilda que depois do nosso culto evangélico, na semana passada, Lina tem tido nova conduta para comigo. Muito afável e correta, não me oferece qualquer motivo a preocupações. Além disso, agora me auxilia quanto pode, na cozinha e na limpeza.

Veloso – Louvado seja Deus!

Nota semanal

Sobrevindo a quietude, Veloso perguntou a dona Zilda se não desejava relatar algum episódio de suas tarefas pessoais ou ler alguma narrativa referente às anotações da noite.

A esposa sorriu e respondeu:

– Apontamento escrito não tenho, mas lembro-me de uma história que aconteceu aqui mesmo, em nossa rua. É um acontecimento que demonstra o quanto pode a força do Evangelho de Jesus em nossa vida, para que saibamos edificar com Deus a nossa felicidade e a felicidade dos outros. Posso transmiti-lo, na forma de um conto, que intitularei:

O leiteiro cristão

Dona Moema, nossa vizinha, e eu notamos que o leiteiro Calimério, de um dia para outro, modificou para melhor o produto que nos vendia.

Fizera-se o leite excelente.

E dona Moema, com dois filhinhos de berço, foi a primeira a assinalar a transformação.

Informou-me que as crianças mostravam-se tão melhoradas e tão robustas que me convidava a apelarmos, juntas, para ele, a fim de que a situação fosse mantida no mesmo nível.

Concordei e abordamo-lo na manhã seguinte.

— Calimério — disse dona Moema para começar —, que houve com o leite, agora tão apetitoso?

— Dona Moema — replicou nosso entrevistado —, para que eu não mude de intenção e procedimento, notifico à senhora que, no mês passado, comecei a freqüentar uma aula de Evangelho e compreendi que a ninguém mais deveria enganar.

E, colocando o olhar ansioso em nós duas, como quem rogava a nossa aprovação, ajuntou:

— Confesso às senhoras que, até no mês passado, sempre misturei água no leite, para aumentar o meu rendimento. Mas, desde que conheci as lições de Jesus, já não mais posso agir assim... Peço-lhes me perdoem!

Confiou-se dona Zilda a breve intervalo e, depois, concluiu:

— Estudemos o exemplo de Calimério renovado. Com os ensinos do Evangelho, fez-se correto e, fazendo-se correto, é verdadeiro benfeitor de nosso equilíbrio orgânico, pela honradez com que nos fornece o alimento.

Quando cada um de nós estiver trabalhando com a probidade do leiteiro cristão, o mundo será o Reino Divino que teremos edificado com Deus.

Encerramento

A narrativa inspirou grande contentamento e formosas reflexões. Ao fim de elevados lembretes, Veloso orou para terminar:

– Senhor Jesus, agradecemos-te as bênçãos desta hora e rogamos-te força para fixar as tuas lições sublimes em nossa própria conduta. Ajuda-nos, Mestre, na execução de tua vontade. Assim seja.

Logo após, a dona da casa serviu a água em pequeninas taças, enquanto os presentes passavam a conversar alegremente sobre a excelência do Evangelho no lar.

Terceira reunião

No primeiro domingo de maio, o grupo mostrava-se a postos, na hora prevista.

Achavam-se presentes não apenas dona Romualda e Milota, que voltavam aos estudos, mas também dona Matilde, uma senhora simpática que as seguia.

Explicara dona Romualda que ela e a filha, extremamente beneficiadas na semana anterior, não hesitavam em trazer dona Matilde às orações, para que se reconfortasse, porquanto a estimada senhora, além de haver perdido o único filhinho, vitimado por insidiosa moléstia, lutava imensamente no lar, com a presença da sofredora irmã obsidiada.

Prece inicial

Ante a quietude do recinto, Veloso orou com o habitual sentimento:

— Cristo, Senhor Nosso, agora que começamos a ver, em espírito, guia-nos no caminho da verdade para que a sombra da ilusão não mais nos envolva.

Inclina-nos para o bem de que necessitamos, e faze-nos conhecer os teus desígnios, a fim de que abracemos na vida o que seja melhor para nós. Assim seja.

Leitura

Concluída a prece, Veloso passou o Novo Testamento às mãos de Milota, que, após abri-lo, fez a reentrega do livro em que o orientador, depois de atento exame, leu o versículo 15, do capítulo 4, da Carta do Apóstolo Paulo aos Efésios:

"Antes, seguindo a verdade em caridade, cresçamos em tudo naquele que é a cabeça, Cristo."

Indicando Marta para a continuidade da tarefa, passou a ler em *O Evangelho segundo o Espiritismo*, entre as "Instruções dos Espíritos", no capítulo IX, a mensagem sob o título "A paciência", assinada por "Um Espírito amigo".

Comentário

O diretor da reunião passou a elucidar:

– Analisemos a mensagem que estamos recebendo em nossas preces de hoje.

O Apóstolo Paulo recomenda-nos "seguir a verdade em caridade", para que venhamos a crescer no entendimento de Jesus, e *O Evangelho segundo o Espiritismo*, na advertência da Esfera Superior, assevera-nos que "a paciência também é uma caridade", e que nos cabe praticá-la, em obediência aos ensinos do Mestre.

Quero crer que, na essência, estamos sendo prevenidos contra qualquer manifestação de crítica em nosso caminho.

Que os outros possuem defeitos, tanto quanto os temos, é inegável. Mas, perdermos tempo na fixação deles, esquecendo que a vida evolui com a bênção de Deus, é futilidade e perturbação.

Maledicência não resolve problema algum. Além disso, é sempre um corredor para a vala das trevas.

Destacando os males alheios, olvidamos aqueles que são nossos.

E, censurando, adotamos invariavelmente, perante a pessoa reprovada, a posição desagradável do aguilhão que lhe agita, no corpo, a parte ulcerada, sem dar-lhe remédio.

A crítica é semelhante à soda cáustica sobre a ferida ou ao petróleo no incêndio.

Só a loucura utilizaria uma e outro, à guisa de bálsamo para sanar uma chaga ou à feição da água para extinguir o fogo.

A palavra maliciosa não ajuda nem mesmo aos nossos irmãos caídos no crime, visto que a acusação apenas lhes agrava o desprezo para consigo próprios e a revolta para com os outros.

Quem faz a crítica de alguém, adotando semelhante procedimento, decerto indica a si mesmo para fazer algo melhor que o criticado.

Ora, como fazer é mais importante que falar, faça o melhor quem se disponha à reprovação.

Sabemos que as idéias são corporificadas em obras, por nós mesmos.

Se temos, portanto, que condenar esse ou aquele companheiro de trabalho ou de luta, ao invés de amargurá-lo ou complicá-lo, usando irritação e azedume, ajudemo-lo com o nosso próprio exemplo.

Se uma criatura de nossas relações parece preguiçosa, não precisamos atrair-lhe a antipatia, ironizando-lhe a conduta.

Trabalhemos nós mesmos, de maneira a acordá-la silenciosamente para o serviço.

Surgindo viciado esse ou aquele amigo, não é justo que lhe busquemos a aversão com palavras cruéis, mas sim que lhe doemos, na demonstração de nossos exemplos, uma idéia nova da vida, para que se restaure.

E não nos esqueçamos de que, às vezes, tudo resulta de mera suposição, porquanto, em muitos sucessos, o que se nos afigura preguiça ou viciação pode ser doença ainda oculta.

Nós, os cristãos, não vemos Jesus exercendo a função de crítico em hora alguma. Aliás, empenhou-se em mostrar as qualidades nobres de todas as criaturas que lhe desfrutaram a convivência, aproveitando-as, sem se deter no que haviam sido, para ajudá-las a se encontrarem, como deviam ser. E, por fim, achou mais justo concretizar os seus princípios de perfeição na renúncia suprema, que clamar, ante o povo, contra os juízes de sua causa.

É indispensável satisfazer à sábia fórmula do Evangelho, buscando "seguir a verdade em caridade", porque a verdade, sem amor para com o próximo, é como luz que cega ou braseiro que requeima.

Xingamentos, maldições, pragas, desesperos e exigências não auxiliam. Servem apenas à intolerância e à separação que, em muitos casos, precedem a enfermidade e o crime.

Cultivemos o bom exemplo. Nele deixou-nos o Cristo a única solução para os problemas de soerguimento e conduta.

Quanto mais unidos a Jesus, mais ampla se nos fará a integração espontânea na caridade, em cujo clima toda censura desaparece.

Conversação

Veloso fez o sinal característico de quem havia terminado e já se inclinavam todos à conversação, quando um pássaro irrompeu no aposento, entrando pela janela escancarada.

Houve surpresa.

Lina deslocou-se, à pressa, com o evidente intuito de aprisioná-lo.

O pai adiantou-se, porém, e explicou:

— Ajudemos a pobre ave. Deve sentir-se desorientada na volta ao ninho.

Dito isso, abriu uma outra janela, que se encontrava cerrada.

Volteando no aposento, revelava-se o passarinho assustadiço e cansado.

Após o auxílio de Veloso, que o seguia de pé, ganhou o espaço livre e desapareceu.

Os presentes sorriram, aliviados, e o entendimento da noite começou:

Veloso (Dirigindo-se a Lina) – Observou, minha filha? A ave repentinamente encarcerada suspirava pela liberdade. Não seria caridoso detê-la.

Cláudio – É como se um de nós estivesse perdido, à distância de nossa casa, não é, papai? Naturalmente que o senhor e mãezinha ficariam ansiosos à nossa espera...

Veloso – Isso mesmo, meu filho.

Lina (Como querendo modificar o ambiente em que se via reprovada) – Papai, hoje tenho um assunto em que preciso muito de seus conselhos.

Veloso – Diga, filha. Estamos aqui para ouvir-nos uns aos outros.

Lina – Tia Júlia e Sílvia zombam de nós, quando o senhor está ausente. Dizem que Espiritismo é ilusão e que nós não devemos crer na comunicação dos que "morreram"...

D. Zilda – Vocês estão rixando em matéria de religião?

Lina – Nós não, mãezinha. Elas é que se riem de nós.

Veloso – Filha, ainda hoje, o nosso tema foi a caridade para com todos. Júlia e Sílvia não estão podendo compreender-nos.

Isso, no entanto, indica que nos cabe compreendê-las ainda mais. A Doutrina Espírita confirma o Evangelho de Nosso Senhor. E ninguém poderá negar, em sã consciência, que Jesus voltou do túmulo pela ressurreição, a conversar com os discípulos e a orientá-los. Mas discutir, quase sempre, é instalar a irritação na própria alma. Nós, os espíritas, segundo creio, devemos responder aos que nos critiquem, mesmo aos mais amados, com os nossos próprios exemplos. Calemo-nos, fazendo o melhor ao nosso alcance, em favor dos que nos cercam. Nossa Doutrina necessita ser lida e conhecida, antes de tudo, em nossos atos.

CLÁUDIO – Quem sabe tia Júlia e Sílvia virão a receber algum conselho de vovó Rosália? Ela estará conosco, no domingo próximo, que será Dia das Mães, e, como é velha, poderá falar sem que elas se riam...

VELOSO – Filho, não diga que vovó é velha. A palavra "velho", em nos referindo às pessoas, é vocábulo descaridoso. Há criaturas que, mostrando longa experiência no corpo, revelam consigo maior mocidade que a dos jovens; porquanto, a mocidade, acima de tudo, é um estado da alma. Quando afirmamos que alguém está velho, insinuamos que está gasto e imprestável e essa não é definição que se faça para quem quer que seja...

D. ZILDA – A observação é muito oportuna. Aliás, não se pode olvidar que os meninos e moços de hoje serão as pessoas amadurecidas de amanhã.

VELOSO – Sim, o tempo é instrutor da vida para todos. Mas, voltemo-nos para nossas visitas. Dona Romualda trouxe-nos dona Matilde. Procuremos ouvi-las.

D. Romualda – Nossa Matilde tem uma irmã bastante obsidiada.

D. Matilde – É minha irmã Iracema. Há dois meses grita sem cessar, atacada por Espíritos turbulentos e viciosos... Soube que os prezados amigos mantêm aqui esta reunião espírita e decidi-me a rogar-lhes cooperação...

Veloso – Sim, podemos incluir nossa irmã enferma em nossas preces.

D. Romualda – Mas, não podemos fazer aqui alguma doutrinação direta, atraindo os obsessores? Matilde é médium e serviria na posição de instrumento...

Veloso – Decerto, há que se considerar algum engano... O culto do Evangelho no lar não inclui o tratamento dos desencarnados infelizes. Essa tarefa permanece mais sob a responsabilidade dos nossos templos.

D. Romualda – Então não se justifica o socorro aos Espíritos infelizes, acaso existentes em nosso ambiente doméstico...

Veloso – De modo algum. Indiscutivelmente, se o problema surge no ambiente familiar, é claro o impositivo de fazer-se o possível no amparo aos sofredores dessa espécie; contudo, a própria vida nos ensina que a delinqüência pode ser interpretada por enfermidade da alma, e, assim, os delinqüentes devem ser internados em lugar adequado ao tratamento preciso. Insistir pela manifestação dos Espíritos conturbados, no culto evangélico mais íntimo, seria o mesmo que buscar pessoas desorientadas na praça pública a fim de tumultuar-nos serviço tão grave.

D. Matilde – Sua opinião é respeitável... Mas, sou médium escrevente e ficaria confortada se pudesse aproveitar a oportunidade, pelo menos para receber, se possível, a palavra de Jorge, meu irmão há tempos desencarnado, que me vem amparando, de mais perto. Trata-se de um mentor esclarecido...

Veloso – Nesse caso, a argumentação é diferente. O amigo espiritual que nos ajude é sempre visita estimável. A educação não pode cerrar as portas a quantos lhe possam acender novas luzes. Ao término de nossa reunião, esperaremos a palavra do benfeitor a que se reporta.

D. Romualda – As explicações são muito lógicas.

D. Zilda – Não podemos esquecer igualmente que, em nossas tarefas evangélicas do lar, os vários irmãos desencarnados sofredores, que porventura nos acompanhem, ouvem palavras de consolação e absorvem idéias renovadoras.

D. Romualda (Designando dona Matilde que chora em silêncio) – Além das muitas provações em casa, Matilde acaba de perder um filhinho devorado pelo câncer... Menino de apenas alguns meses de idade...

D. Matilde – Meu pobre David! Desencarnar canceroso aos dez meses!... (Dirigindo-se ao diretor da reunião) – Que opinião a sua, irmão Veloso? Teria sido um fim de prova?

Veloso (Após meditar alguns instantes) – Tivemos um caso semelhante em nosso templo espírita, há precisamente dois meses. Confortando o pai sofredor, um amigo espiritual explicou-nos que o pequenino havia perpetrado o suicídio, em existência anterior. Depois de vasto período de agonia purgativa, nas esferas inferiores, reencarnou-se com as seqüelas da tortura que infligira a si próprio, a projetar no corpo tenro os desajustamentos de que se fazia portador. Quanto ao pequeno David, em que órgão se lhe manifestou a enfermidade?

D. Matilde – Nos intestinos.

Veloso – É possível tenha ele usado violento corrosivo na existência última, adquirindo grande perturbação no corpo espiritual.

D. Romualda – Como vemos, a Doutrina Espírita pede estudo para que venhamos a entender os nossos problemas.

D. Zilda – O que mais lamento é a minha dificuldade para ler. Trabalho num estabelecimento escolar e lido com crianças durante o dia inteiro. Entretanto, se procuro ler esse ou aquele volume que não se refira à escola, começo imediatamente a cochilar. É um sono terrível...

D. Romualda – De qualquer modo, no entanto, precisamos conhecer e confrontar, porque a vida, em si mesma, é um grande livro sem letras, em que as lições são as nossas próprias experiências.

Veloso – D. Romualda está certa. Todo dia é ocasião de aprender.

D. Zilda (Fixando carinhosamente Lina e Marta, depois de pequeno intervalo em que dona Matilde enxuga as lágrimas) – Tenho hoje uma comunicação para o grupo. Marta anunciou no culto da semana passada que Lina passou a auxiliá-la espontaneamente. Acontece que, com isso, Marta agora vem cooperando com mais tempo e carinho nos serviços da casa. A providência aliviou-me bastante e, podendo dispor assim de novos recursos, dediquei-me a nova tarefa. (E abrindo pequeno pacote que trouxera para a mesa) – Com possibilidades novas, fiz esta semana um enxoval para bebê, que ofereceremos, em nome do nosso culto evangélico, a alguma de nossas irmãs em necessidades maiores e que esteja aguardando a hora divina da maternidade.

Lina – Oh! mãezinha!...

Marta – Que peças lindas!

Cláudio – Tudo tão bonito!...

Veloso – Estou feliz, vendo nossa casa começando a produzir o bem para os outros, sem prejuízo do orçamento doméstico. Disse-nos o apóstolo que a fé sem obras é morta. Do ponto de vista do Evangelho, tudo segue melhorando, quando sentimos necessidade de auxiliar com desinteresse. Anotamos hoje um ensinamento edificante. O Evangelho ajudou nossa Lina a cumprir o próprio dever. O Evangelho e Lina cooperaram com Marta, a fim de que esta pudesse fazer um pouco a mais em seu trabalho e, agora, o Evangelho, Lina e Marta auxiliaram nossa Zilda a socorrer, em nome de nosso conjunto, a outro lar em lutas maiores que as nossas. Agradeçamos a Deus semelhantes bênçãos!...

Nota semanal

O silêncio envolveu a assembléia, prenunciando o encerramento, e Veloso tomou a palavra, sorrindo:

– Já que nossa Zilda experimenta cansaço, relatarei aqui um episódio curioso que me foi narrado por um amigo. Poderemos denominá-lo:

O sustento do corpo e do espírito

Certo aprendiz, em conversa com o professor, queixou-se de grande incapacidade para reter as lições.

Sentia-se sonolento, desmemoriado...

Ao cabo de alguns instantes de leitura, esquecia de todo os textos mais importantes, ainda mesmo os que se referissem às suas mais prementes necessidades.

"Nossa alma precisa estudar e conhecer, tanto quanto nosso corpo necessita de respirar e nutrir-se."

Que fazer para evitar a perturbação?

Travou-se então entre os dois o seguinte diálogo:

— Meu filho, quando tens sede, foges do copo d'água?

— Impossível. Morreria torturado.

— Quando nu, abandonas a veste?

— De modo algum. Não dispenso o agasalho.

— Esqueces de levar o alimento à boca, ao te apresentarem a refeição?

— Nunca. Como poderia andar sem comer?

— Pois também não podes viver sem educação – concluiu o orientador. – Lembra-te dessa verdade e estarás acordado para os ensinamentos de nossos mestres.

O mentor do grupo esboçou silencioso gesto de bom humor e salientou:

— Nossa alma precisa estudar e conhecer, tanto quanto nosso corpo necessita de respirar e nutrir-se.

Encerramento

Veloso pediu aos circunstantes alguns minutos de silêncio para que dona Matilde pudesse funcionar como médium de instrução e consolo.

Atendida a solicitação, a senhora amiga disse assinalar a presença do irmão desencarnado, a que se referira, e, tomando do lápis, psicografou-lhe a seguinte mensagem:

Meus irmãos,
    Deus seja louvado!
A Terra é nossa escola e a dor é nossa lição.

Tende paciência para que o aprendizado não se perca.

Não podemos olvidar que o fardo das provas corresponde sempre às nossas forças.

Matilde, guardemos esperança.

Nosso David permanece sob a assistência de abnegados Benfeitores da Vida Maior e nossa irmãzinha doente nunca esteve desamparada.

Os Mensageiros Divinos estão a postos.

Confiemos em Deus.

Jorge.

Veloso, satisfeito, destacou a importância dos conselhos recebidos e orou, encerrando a reunião:

– Amado Jesus, procurando-te a luz divina no Evangelho que nos deixaste, queremos ser mais úteis. Agradecemos, Senhor, o amparo que nos dispensas e contamos com o teu auxílio para que sejamos amanhã melhores que hoje. Assim seja.

Lina e Cláudio serviram a água fluidificada aos presentes e, enquanto se comentava, em torno, a excelência da palavra do Cristo aos corações, dona Romualda pedia a dona Zilda algumas instruções sobre a melhor maneira de instituir o culto do Evangelho em sua própria casa.

Quarta reunião

Naquele domingo, o segundo de maio, considerado Dia das Mães, o aposento mostrava-se adornado de flores.

Quando dona Zilda trouxe o jarro de água pura, sorriu imensamente feliz, percebendo que os filhos lhe haviam preparado afetuosa surpresa.

No justo momento, Veloso penetrou no recinto, em companhia da sogra, dona Rosália, senhora simples e amável, que abraçava os netos, Lina e Cláudio, a lhe apertarem as mãos.

Marta compareceu logo após e, fosse para agradar dona Rosália ou para homenagear o Dia das Mães, dona Júlia e Sílvia entraram na sala, sendo recebidas com carinho e respeito.

Prece inicial

Vindo o silêncio, Veloso orou, sensibilizado:

– Pai Celeste, nós te agradecemos a bênção do lar em que nos reúnes. Ensina-nos que ele não é apenas o retângulo de paredes que nos asila os corpos, mas o santuário que nos concedeste para a aproximação de almas.

Ajuda-nos, ó Deus de Infinita Bondade, a fim de que nossos olhos espirituais se mantenham abertos para as nossas responsabilidades em família, e aprendamos, assim, com a tua bênção, a amar-nos realmente uns aos outros. Assim seja.

Leitura

Terminada a oração, o chefe da casa passou o Novo Testamento a dona Rosália, que o abriu, restituindo-o ao genro.

Veloso fez minuciosa busca, à maneira de um examinador de pedras preciosas procurando a mais bela, e, em seguida, leu o versículo 7, do capítulo 13, da Epístola do Apóstolo Paulo aos Romanos: "Portanto, dai a cada um o que deveis: a quem tributo, tributo; a quem imposto, imposto; a quem temor, temor; a quem honra, honra."

Completando a tarefa, como de hábito, o diretor do culto pediu à esposa trouxesse a estudo a parte de *O Evangelho segundo o Espiritismo*, que deveria enriquecer as meditações daquela hora, e a lição extraída, ao acaso, foi a página intitulada "A virtude", de autoria do mensageiro François-Nicolas-Madeleine, entre as "Instruções dos Espíritos", no capítulo XVII.

Comentário

Falou, então, Veloso, com inflexão de sentimento profundo:
– Meus filhos, tenho hoje a minha garganta como que embargada de emoção.

Nesta data, comemoramos o Dia das Mães.

Diz-nos a Epístola, na palavra do Apóstolo Paulo, que nos cabe entregar a cada um aquilo que devemos e, no livro de Allan Kardec, encontramos formosa exortação à virtude.

Lembro-me, assim, do débito irresgatável para com nossas mãezinhas, depositárias da virtude celeste. Sem elas, sem a coragem sublime com que nos acolhem nos braços, não teríamos passagem pela escola deste mundo.

É preciso serem por si próprias dons inefáveis de Deus para suportarem os sacrifícios a que se impõem por nossa causa, porque, em verdade, o coração materno, para ver-nos felizes, não hesitaria em transformar-se no prato que nos alimenta, na veste que nos agasalha, nos brinquedos que nos alegram ou no leito que nos propicia repouso...

Há preço, meus filhos, para todas as utilidades da vida, menos para o amor dos anjos maternais, que se entregam à morte, pouco a pouco, na intimidade do lar, para que possamos efetivamente viver.

O dinheiro pode pagar o trabalho de todas as profissões conhecidas no mundo, menos o ofício das mães que se levantam com a luz da alvorada, a fim de que não nos falte pão à mesa, e que prolongam a vigília e o cansaço, noite adentro, para que a enfermidade não nos domine e para que o rumor não nos perturbe o descanso...

Em razão disso, nenhum de nós pode ou sabe recompensar-lhes o ministério que, à força de crescer em abnegação e ternura, se torna verdadeiramente divino.

Louvaremos, pois, neste dia, essas heroínas obscuras que se escondem na luta doméstica, prometendo honrá-las o melhor que pudermos, não somente lhes cercando a presença com as flores de nosso carinho, mas também cumprindo, com lealdade, os nossos próprios deveres.

Respeitando-as, a elas que exprimem com tanto brilho a Divina Bondade, cultivaremos no lar o primeiro campo de nossas

"Sem elas (as mães), sem a coragem sublime com que nos acolhem nos braços, não teríamos passagem pela escola deste mundo."

obrigações. Sem que sejamos, aí, corretos e nobres, é impossível venhamos, algum dia, a ser corretos e nobres para com o mundo.

Ninguém olvide que a nossa tranqüilidade e segurança, originariamente, são frutos do pesado labor de nossas mães, constantemente inclinadas à própria renunciação, a favor de nossa felicidade.

Dir-se-ia que estão sempre dispostas a desaparecer para que nos mostremos, a se rebaixarem para que nos ergamos, a monopolizarem a dor para que não nos escasseie alegria e também a morrer para que vivamos.

Faremos, assim, do nosso culto de hoje uma oração gratulatória a Deus, nosso Pai Celestial, por nos haver concedido o tesouro da devoção materna neste mundo.

E lembrar-nos-emos de todas as mães que peregrinam na Terra... Das que respiram sob dourados tetos, padecendo, quase sempre, a traição dos entes mais caros; das que se enfeitam de ouro e pérolas, trazendo, muitas vezes, o coração semelhante a uma concha de lágrimas a se lhes encravar no peito dorido; das que gemem, na soledade, sob trabalho rude, para que os filhos conquistem alimento e remédio, higiene e instrução; das que residem sob as arcadas de pontes abandonadas ou em sombrios recantos das vias públicas, estendendo as mãos à generosidade pública, a fim de que os rebentos do próprio seio não se extingam de fome; das que enlouqueceram de sofrimento no santuário doméstico, perante as cruzes que, em muitas ocasiões, esposos e filhos lhes algemam às costas, e daquelas que, soluçando, se apartaram dos filhos queridos para confiá-los à cinza do túmulo... Todas são missionárias do Senhor, chorando e padecendo, servindo e amando.

Recebam, por toda a parte, os nossos pensamentos de gratidão e carinho, e, porque não contamos com palavras adequadas à nossa necessidade de reconhecimento, peçamos à Mãe Santíssima – anjo guardião de Jesus – a todas envolva em seu manto constelado de virtudes excelsas, para que nunca lhes faltem as bênçãos da paz e da alegria, seja onde for.

Conversação

Via-se que o orientador queria continuar e que a pequena assembléia desejava prosseguir ouvindo; no entanto, a emoção era visível em todos os rostos.

Sílvia, a filha mais velha, que participava do culto pela primeira vez, levantou-se e, abeirando-se do senhor Veloso, beijou-lhe a mão direita que descansava nas páginas do Evangelho.

O pai, comovido, retirou os óculos e limpou uma lágrima.

Em seguida, pediu que fosse iniciada a conversação da noite.

Pesava o silêncio, mas as crianças se incumbiram de rompê-lo:

LINA (Voltando-se para Cláudio) – Fale alguma coisa.

CLÁUDIO (Que estivera ausente na véspera, em busca da vovó) – Estou sentindo falta de dona Romualda e de Milota...

VELOSO – Fomos ontem, sábado, assistir à iniciação do culto do Evangelho na residência dessas nossas amigas... Dona Romualda decidiu organizar o mesmo serviço; entretanto, de vez em quando estará conosco.

LINA – Milota disse-nos que hoje ficariam em casa por ser Dia das Mães.

D. ROSÁLIA – O culto do Evangelho em casa é uma bênção que

todos devemos cultivar. O contato com o pensamento de Nosso Senhor Jesus Cristo ilumina os nossos próprios pensamentos. Tornamo-nos mais calmos, mais compreensivos, mais operosos e, sobretudo, mais irmãos...

D. Júlia (Dirigindo-se especialmente a dona Rosália) – Estou muito surpreendida, pois não pensava que os espíritas dedicassem tanto amor às lições do Divino Mestre.

D. Rosália – Minha filha, nós, na Religião Espírita, não podíamos conservar raízes diferentes das do Evangelho. Aliás, você, também cristã, embora adotando interpretações diversas da nossa, não pode esquecer que Nosso Senhor Jesus Cristo deixou o sepulcro vazio e foi o verdadeiro restaurador da doutrina da imortalidade da alma e da comunicação dos Espíritos, entretendo-se, muito tempo, depois da morte, com os próprios discípulos.

D. Júlia – Sem dúvida. Não se pode negar o fato.

(Nesse momento, alguém bate à porta. O dono da casa ausenta-se e volta, esclarecendo tratar-se de assunto alusivo à sua profissão, motivo por que não introduzira o visitante na sala, marcando-lhe encontro noutro horário.)

Lina – Papai, desejo perguntar ao senhor se posso recitar para mãezinha uma quadra que aprendi ontem com um colega na escola...

Veloso – Como não, minha filha?

Lina (Levantando-se e colocando-se diante de dona Zilda):

Mãezinha terna e querida,
Estrela sempre a brilhar,
Seu amor é a nossa vida
Na vida de nosso lar.

CLÁUDIO – Papai, eu posso falar também?
VELOSO – Perfeitamente, meu filho.
CLÁUDIO (Encaminhando-se igualmente para perto de dona Zilda) – Mãezinha, a senhora é o tesouro de nossos corações!
D. ZILDA (Chorando e abraçando os filhos) – Meus filhos! Meus filhos!... Deus abençoe a todos nós.
(Alguém bate, de novo, à porta e ergue-se Veloso para atender. Dessa vez, porém, regressa trazendo um senhor descalço, humildemente trajado, que penetrou na sala, com singelo chapéu às mãos.)
VELOSO (Falando particularmente com dona Zilda) – É o nosso Glicério.
D. ZILDA – Muito bem. Boa-noite, Glicério. Sente-se conosco.
GLICÉRIO – Dona Zilda, apesar de muito constrangido, venho comunicar à senhora que minha mulher e meus dois filhos caíram doentes de uma só vez e estamos muito necessitados...
D. ZILDA – Confiemos em Deus, Glicério. Espere um pouco e, no término de nossas orações, providenciaremos o que nos seja possível.
(O visitante toma lugar ao lado das crianças, que o acolhem com simpatia.)
D. ROSÁLIA (Voltando-se para o genro) – Sinto bastante que Lisbela, tão febril hoje, não tenha podido vir às nossas preces.
(A estimada senhora referia-se à jovem que a auxiliava nos serviços domésticos e que, ao chegar à residência da filha, na véspera, aí se acamara, sob a pressão de forte gripe.)
VELOSO – Lembrá-la-emos, rogando aos Benfeitores Espirituais nos ajudem a vê-la melhorada e mais forte. Além disso, depois de nossa reunião, poderemos, juntos, envolvê-la nas vibrações do passe curativo.

Lina, Cláudio e Marta solicitaram permissão para se ausentarem do aposento, alguns instantes.

Com a aprovação de Veloso, demandaram saleta próxima e voltaram, em momentos rápidos: Lina e Cláudio trazendo rosas que ofereceram a dona Zilda e a dona Rosália, e Marta, um lindo bolo que entregou à dona da casa.

As senhoras homenageadas agradeceram, contentes.

A emotividade reinante predispunha à reflexão, e, tudo indicando que a palestra alcançava o termo, Cláudio pediu fosse dona Rosália indicada para contar a história edificante da noite.

Nota semanal

A bondosa vovó sorriu e falou:

– Recordarei para nós um antigo conto de Andersen[1], o grande amigo das crianças. Trata-se da:

História de uma mãe

Havia uma sofredora mulher que velava aflita, à cabeceira do filhinho doente, quando a Morte chegou para buscá-lo.

Sem que ela pudesse ensaiar qualquer defesa, a Morte arrebatou o menino da cabana.

Desesperada, a mãezinha saiu a gritar para reaver o pequenino, mas a Morte veloz desaparecera.

Chorando, avançou a infeliz, estrada afora, quando, em plena noite, encontrou uma mulher que poderia encaminhá-la; esta, to-

---
[1] Hans Christian Andersen, poeta e contista dinamarquês.

davia, em troca da informação, pediu-lhe cantar todas as canções com que a pobre embalava o filhinho.

Embora em lágrimas, ela repetiu todas as cantigas com que afagava o pequenino, ao pé do berço.

A mulher ensinou-lhe, então, que a Morte se dirigira para certo espinheiro.

A pobre mãe alcançou-o, mas o espinheiro, para ajudá-la, exigiu que ela o abraçasse.

Sem vacilar, a desditosa mãezinha enlaçou-o, aquecendo-lhe os espinhos que a noite enregelara...

Quando o seu corpo já se mostrava coberto de chagas, o espinheiro explicou que a Morte seguira no rumo de grande lago.

A peregrina, ensangüentada, chegou ao lago, mas o lago fazia coleção de pérolas e, para prestar-lhe o serviço, pediu-lhe os belos olhos.

A infortunada viajante arrancou os próprios olhos e lhos deu.

O lago, desse modo, transportou-a, ferida e cega, para o outro lado da terra, onde a Morte costumava guardar as criancinhas.

Era um grande cemitério, guardado por monstruosa mulher que, para ensinar-lhe o lugar exato onde a Morte aportaria naquela noite, lhe reclamou a linda cabeleira.

Sem qualquer hesitação, ela deixou-se tosar e, logo após, quase irreconhecível, foi colocada em posição de perceber a chegada do pequeno que procurava.

Esperou... esperou...

Em dado instante, ouviu que a Morte regressava com os meninos que recolhera.

Atenta, escutava as vozes diversas, qual se registrasse a presença de um bando de passarinhos, quando, dentre todas, distinguiu o choro de seu próprio filho e, apesar de cega, avançou para ele, gritando, jubilosa:

— Meu filhinho!... Meu filhinho!... — E agarrou-o nos braços, a beijá-lo, enternecidamente.

A própria Morte, emocionada, perguntou-lhe então:

— Como fizeste para chegar aqui, antes de mim?

Ela, chorando e rindo, pôde apenas dizer:

— Sou mãe.

Encerramento

Quando dona Rosália terminou, todos choravam...

Veloso, enxugando as lágrimas, conseguiu simplesmente balbuciar a prece final:

— Deus de Infinita Bondade, nós te agradecemos o amor de nossas mães!... Guarda-as para sempre sob Tua Bênção, conferindo-lhes a felicidade que não lhes sabemos dar.

Louvado sejas, Pai Nosso! Assim seja.

Depois da oração, por muito tempo, ninguém pôde articular palavra.

Dona Zilda, no entanto, após distribuir a água fluidificada, serviu aos presentes saboroso café, acompanhado com as fatias do bolo de que Marta lhe fizera oferta.

A seguir, rumou para o casebre de Glicério, a fim de ali ajudar no que lhe fosse possível.

Quinta reunião

No horário habitual do terceiro domingo de maio, dona Zilda estava a postos na preparação do ambiente.

Sobre a toalha, muito branca, que dava um tom de tranqüilidade e alegria ao aposento, achavam-se os livros e o jarro com água pura.

Veloso e os filhinhos, juntamente de Marta, deram entrada no recinto.

O grupo conversava, afetuosamente, mas o relógio lembrou-lhes a obrigação em pauta, badalando as seis da tarde.

Prece inicial

O mentor do conjunto orou, reverentemente:

— Senhor Jesus, deste-nos vida dinâmica, para que seja naturalmente vivida. Movimenta-se nosso corpo, o tempo avança e a evolução caminha.

Ajuda-nos, Senhor, para que a nossa fé também ande, a expressar-se em ação permanente no bem.

A ti, Excelso Benfeitor, que traduziste confiança no Pai, em amor aos semelhantes, encomendamos a nossa aspiração de servir. Assim seja.

Leitura

Efetuada a oração de início, Veloso entregou o Novo Testamento às mãos de Marta, que o abriu, cuidadosamente, devolvendo-o ao orientador, que se deteve, conforme de hábito, no exame dos textos, passando a ler o versículo 12, do capítulo 15, nas Anotações do Apóstolo João: "O meu mandamento é este – que vos ameis uns aos outros, assim como vos amei."

Completando-se a preparação do comentário, Cláudio foi indicado para consultar a lição de *O Evangelho segundo o Espiritismo*.

Aberto o volume e entregue a dona Zilda, por recomendação de Veloso, a mãezinha, satisfeita, leu comovente mensagem de Vicente de Paulo, em torno da caridade, inserta no capítulo XIII, entre as "Instruções dos Espíritos".

Comentário

Finda a leitura, o orientador falou com segurança:
– Temos hoje um dos mais belos temas do Cristianismo – a caridade. Tão belo que Allan Kardec o inscreveu por senha no portal de seus princípios: "Fora da caridade não há salvação."

É que a caridade é o próprio amor que o Mestre nos legou.

E o amor do Cristo é luz que se estende a todos.

Não apenas devoção afetiva aos que nos comungam a experiência do lar, mas devotamento fraternal a todas as criaturas.

Seja onde for que surja a necessidade, a prestação de serviço é nosso simples dever.

A provação dos outros vale para nós como escola bendita, em que aprendamos igualmente a sofrer.

Educandários diversos são mantidos para que adquiramos determinados conhecimentos.

A química e a física, o idioma e a história pedem professores especiais.

A experiência do cérebro exige a formação de vastos programas de ensino.

O coração, ou melhor, o sentimento reclama o serviço do bem para instruir-se. E nenhuma instrutora mais eficiente que a caridade para infundir-nos entendimento.

A mão que se alonga para pedir-nos o necessário é uma oportunidade para que exerçamos o bem; mas constitui igualmente silenciosa acusação contra o egoísmo, na retenção do supérfluo.

Contemplando infelizes crianças que não dispõem do agasalho e do pão com que se mantenham, somos espontaneamente forçados a situar-nos em lugar delas.

A falta de trabalho remunerado, a moléstia insidiosa, a dificuldade maior em família e o fogão sem lume podem ser amanhã infortúnio igualmente nosso. Em razão disso, pelo menos ceder o que nos sobra, a benefício daqueles que carecem do essencial, é tarefa que se nos impõe à consciência.

Entretanto, não é somente nos atos exteriores que a virtude sublime transparece para a edificação moral da Humanidade.

A caridade é também atitude do coração nos menores gestos.

Quantas vezes perdemos o governo de nós próprios, confiando-nos à irritação e à discórdia!...

Nesses instantes, ficamos sempre entregues à compaixão dos que nos observam.

Reparando nossos erros e identificando a necessidade de sermos perdoados, sentimos de perto como se faz imperioso o culto incessante da caridade em nossas relações uns com os outros.

Olvidar as ofensas de que sejamos vítimas, não somente com os lábios, mas com todo o nosso coração, reconhecendo que poderíamos ter sido os ofensores, é manifestação de amor puro.

Calar as imperfeições alheias, entendendo que possuímos também as nossas, é ajudar nas situações mais difíceis, ainda mesmo despertando a calúnia contra nós, é começar a viver a fraternidade sem mácula.

Quantas pessoas desejariam ter sido retas e nobres!

Quantas rogam a Deus forças para que saiam do campo de sombra em que se aprisionam por falta de vigilância!...

Muitas delas estimariam pronunciar as palavras mais afáveis e mais doces; entretanto, o sentimento mal conduzido indu-las a falar desajeitadamente...

Muitas aspirariam a impressionar de modo agradável; contudo, transportam consigo mutilações e doenças!

Coloquemo-nos na posição delas e a caridade silenciosa que Jesus nos ensinou permanecerá conosco, inspirando-nos compreensão e bondade.

No trato da Natureza, igualmente, é fácil anotar os efeitos da divina virtude.

Os animais, tratados com respeito e brandura, sem dificuldade se tornam amigos fiéis do homem.

As plantas que nos recolhem carinho e cuidados produzem sempre mais, em nosso próprio favor.

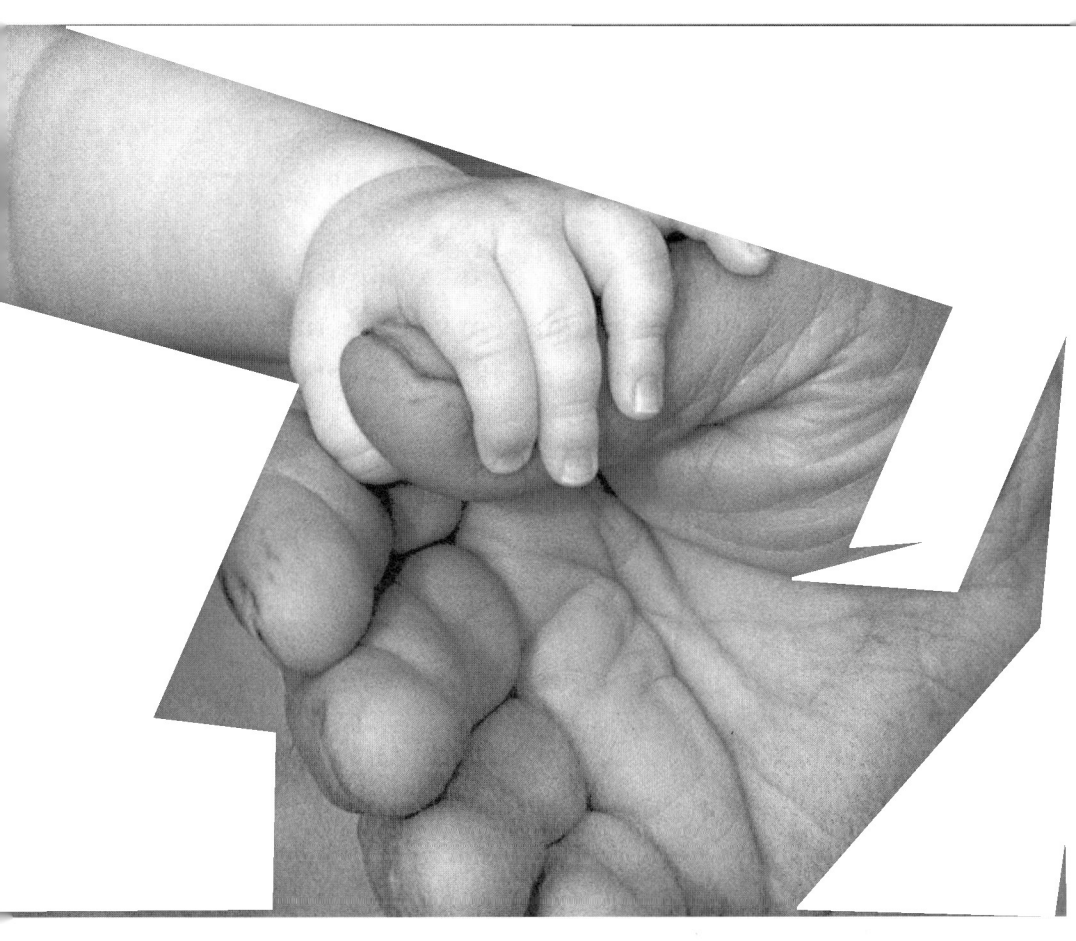

"A mão que se alonga para pedir-nos o necessário é uma oportunidade para que exerçamos o bem; mas constitui igualmente silenciosa acusação contra o egoísmo, na retenção do supérfluo."

O solo que adubamos, valorizando-lhe o concurso, responde-nos com a colheita farta, e as fontes que protegemos sustentam-nos abundantes e cristalinas.

Precisamos de caridade, meus filhos, em todos os atos da vida. Seja na oferta de nossos préstimos, a benefício dos outros, seja no receber o auxílio daqueles que nos são úteis, seja no falar para não ferir a quem ouve, ou seja no calar, a fim de que outros falem com mais experiência ou mais autoridade que nós.

Enfim, é a caridade, significando amor fraterno e espontâneo, tão necessária à nossa existência, quanto o pão que nos sustenta ou o ar que respiramos, porque, em verdade, tudo o que nos cerca na vida é expressão permanente do amor de Deus.

Conversação

Findo o comentário, o grupo doméstico entrou na conversação usual:

Lina (Dirigindo-se a dona Zilda) – Mãezinha, já que o papai falou sobre a caridade, por que a senhora não diz alguma coisa também?

D. Zilda – Creio, filha, que a caridade é uma espécie de árvore invisível, cujas raízes estão em nossa própria casa. Se não formos bondosos e tolerantes entre as paredes do lar, como seremos bondosos e tolerantes para com os outros? É aqui, em nossa luta mais íntima, que iniciamos o aprendizado da virtude celeste.

Se o papai chega do serviço, mostrando-se fatigado, é indispensável saibamos entender-lhe a necessidade de repouso, cessando o falatório ou o barulho. Se a refeição não apresenta os pratos de nossa preferência, se o café não nos satisfaz, é preciso aprender a sorrir, esquecendo os nossos caprichos e agradecendo às mãos que no-los preparam.

LINA (Fitando brejeiramente o irmão) – Ainda ontem, quando o gatinho vomitou na sala, Cláudio agastou-se com Marta por tardar na limpeza, gritando palavras feias...

CLÁUDIO – Ora essa! eu queria o asseio...

LINA – Mas, se Cláudio fosse caridoso, não precisava ter reclamado o serviço de Marta, não é, mãezinha?

D. ZILDA – O serviço em casa é de todos.

VELOSO – Diga, pois, minha filha, que, se exercermos a caridade mútua, não reclamaremos de ninguém esse ou aquele trabalho. Se você viu a necessidade de higiene na sala, e ficou a esperar por Marta, a sua atitude não foi recomendável. Afirma você que Cláudio foi indelicado, mas você, que via o quadro de serviço, poderia também ter sido caridosa para com Marta e para com o seu próprio irmão. Para com Marta, diminuindo-lhe a carga de trabalho, e para com Cláudio, ensinando-o como se deve agir.

MARTA (Sorrindo) – Reconheço-me culpada; entretanto, estava preparando bolos na cozinha, e o azeite a ferver não me deixava arredar o pé.

D. ZILDA – Marta, você não precisa justificar-se.

VELOSO (Sorridente) – Não nos achamos num tribunal. Salientamos, apenas, o impositivo de sermos indulgentes, porquanto a caridade deve comparecer em tudo...

CLÁUDIO – E quando Evandro e João, os meninos da vizinha, me atiram pedras?

Veloso — Meu filho, antes de qualquer reação, é imprescindível examine você a própria consciência, verificando se não existe alguma ofensa de sua parte a eles. Não se lembra de havê-los aborrecido? Responda sinceramente.

Cláudio (Hesitante) — Bem, achei-os tão miúdos e tão magros que chamei-lhes, na escola, "magricelas".

Veloso — Alegro-me ao saber que você está falando a verdade, porque eu mesmo, há tempos, sem que me percebessem, observei que você os injuriava, de nossa janela. É muito raro, meu filho, haja persistência nesse ou naquele insulto, quando não o alimentamos, porquanto, se somos desconsiderados e perdoamos com toda a alma, a onda de crueldade ou de sombra não segue para a frente. O mal é como a fogueira, se não encontra combustível, acaba por si mesma.

Cláudio — Papai, e se eu não os tivesse ofendido e eles me apedrejassem mesmo assim?

Veloso — Nossa obrigação, meu filho, seria fazer silêncio e orar por eles, evitando qualquer ocasião de agravar o conflito. Pela oração, a Bondade de Deus nos daria oportunidade de mostrar-lhes o nosso apreço.

Marta — Senhor Veloso, peço licença para contar aqui uma experiência sobre a oração. Nós temos uma vizinha, dona Mercedes, que não conseguiu simpatizar comigo, desde a minha vinda para cá. Certa noite, ouvi o senhor dizer a dona Zilda que é caridade orar por aqueles que não nos estimam, a fim de que se faça harmonia entre eles e nós. Desde então, e isso faz muito tempo, comecei a lembrar-me de dona Mercedes em minhas orações, rogando a Deus para que ela me perdoasse pela antipatia gratuita que eu lhe causava. Na terça-feira da semana passada, ela dirigiu-se a mim, perguntando se eu poderia auxiliá-la na confecção do bolo de aniversário do Raulzinho, seu filho caçula. Muito contente, aceitei o convite e, com permissão de dona Zilda, fui para a casa dela, durante a noite, e consegui armar o bolo e adorná-lo. Confesso ao senhor que fiz tudo com muita alegria e com muito carinho. Quando dona Mercedes chegou à copa e notou o meu pequeno trabalho, ficou muito feliz e abraçou-me pela primeira vez. Desde esse dia, ela me cumprimenta, fitando-me nos olhos com muita bondade e, com grande surpresa para mim, deu-me uma linda colcha usada para minha cama.

VELOSO – É uma experiência admirável, Marta. A oração dispõe e a caridade realiza. Como reconhecemos, é imprescindível cultivar a caridade com tudo, tudo...

CLÁUDIO – Papai, o senhor disse "caridade para com tudo"... Como terei caridade para com uma xícara ou para com uma cadeira?!...

VELOSO – Como não? Uma xícara ou uma cadeira, manobradas com maldade, podem fazer alvoroço, e alvoroço em casa pode provocar enfermidade ou perturbação. A xícara serve-nos à mesa e deve ser lavada com cuidado. A cadeira serve-nos ao descanso e merece respeito.

D. ZILDA – Meus filhos, o lar é a nossa primeira escola. Sem aprendermos aqui as lições da bondade, a se expressarem na paciência e na tolerância, no carinho e no entendimento que devemos aos que nos cercam, em vão ensinaremos, fora de nossa casa, qualquer virtude aos outros.

VELOSO – E a todos nos cabe render graças a Deus por saber que é assim.

Nota semanal

Veloso notificou que relataria um episódio edificante, sob o tema estudado, episódio esse que intitularia:

A benfeitora oculta

Em grande cidade brasileira, dona Rita Amaral, pobre viúva, mãe de dois meninos paralíticos, lavava roupa, a fim de ganhar o pão.

Humilde e resignada, seu maior consolo era ouvir as lições do Evangelho, numa grande instituição espírita, responsável por vários serviços diários.

Numa noite em que abnegada irmã falara expressivamente quanto à assistência social, com alicerces na caridade pura, dona Rita pediu avistar-se, em particular, com o diretor da organização.

Conversaram ambos, longamente.

Decorridos alguns dias, algo aconteceu no templo, chamando a atenção de todos.

Os vasos sanitários daquela casa de socorro espiritual amanheciam brilhando.

Todos os freqüentadores e visitantes se admiravam da limpeza sistemática e singular dos aludidos departamentos, o que perdurou por dezenove anos consecutivos, até que dona Rita desencarnou.

Foi então que o presidente do instituto, ao recordar-lhe a figura correta e simples, revelou que fora ela a benfeitora oculta da casa, efetuando-lhe as tarefas de higienização, sem qualquer pagamento, durante quase vinte anos.

Não lhe sendo possível colaborar com dinheiro, nas obras assistenciais da agremiação, oferecera-se para o asseio diário do edifício e, porque lhe não era possível comparecer durante o dia ao trabalho, à face dos deveres de mãe para com os filhinhos presos à cama, vinha, pontualmente, pela madrugada, atender ao serviço.

O exemplo comoveu a todos e, ainda hoje, nos infunde a maior impressão.

Encerramento

Ante a quietude da pequena assembléia familiar, Veloso tomou a palavra e formulou a prece de encerramento:
– Senhor Jesus, desejamos aprender a servir.

Ensina-nos, Mestre, a procurar-te a presença divina no serviço de todos os dias! Entregamos-te, assim, as nossas vidas com os nossos sentimentos e idéias, com as nossas mãos e com as nossas possibilidades, rogando disponhas de nós, segundo a tua vontade. Assim seja.

Logo após, dona Zilda distribuiu a água fluidificada, entendendo-se com o pequeno grupo que conversava sobre a beleza das lições de Jesus.

Lá fora, o céu noturno, resplendente de estrelas, parecia expressar à Humanidade um convite à paz e à ascensão, destacando-se entre as constelações o Cruzeiro do Sul no seu elevado simbolismo de libertação...

EVANGELHO EM CASA

EDIÇÃO	IMPRESSÃO	ANO	TIRAGEM	FORMATO
1	1	1960	5.000	16x23
2	1	1961	10.000	16x23
3	1	1971	12.200	17x26
4	1	1977	20.200	17x26
5	1	1983	5.100	17x26
6	1	1985	10.200	17x26
7	1	1988	15.200	17x26
8	1	1990	10.000	17x26
9	1	1994	10.000	17x26
10	1	1995	10.000	17x26
11	1	1997	10.000	17x26
12	1	2004	1.000	17x26
13	1	2006	2.000	16x23
14	1	2007	2.000	16x23
14	2	2008	2.000	16x23
14	3	2008	2.000	16x23
14	4	2009	3.000	16x23
14	5	2010	10.000	16x23
14	6	2013	2.000	16x23
14	7	2014	400	16x23
14	8	2014	3.000	16x23
14	9	2017	2.000	16x23
14	Short Run	2022	200	16x23
14	IPT*	2023	200	15,5x23
14	IPT	2023	50	15,5x23
14	IPT	2024	500	15,5x23
14	14	2024	1.000	15,5x23

*Impressão pequenas tiragens

CARIDADE: AMOR EM AÇÃO

Sede bons e caridosos: essa a chave que tendes em vossas mãos. Toda a eterna felicidade se contém nesse preceito: "Amai-vos uns aos outros". KARDEC, Allan. *O evangelho segundo o espiritismo*, cap. 13, it. 12.

A Federação Espírita Brasileira (FEB), em 20 de abril de 1890, iniciou sua *Assistência aos Necessitados* após sugestão de Polidoro Olavo de S. Thiago ao então presidente Francisco Dias da Cruz. Durante oitenta e sete anos, esse atendimento representava o trabalho de auxílio espiritual e material às pessoas que o buscavam na Instituição. Em 1977, esse serviço passou a chamar-se Departamento de Assistência Social (DAS), cujas atividades assistenciais nunca se interromperam.

Desde então, a FEB, por seu DAS, desenvolve ações socioassistenciais de proteção básica às famílias em situação de vulnerabilidade e risco socioeconômico. Fortalece os vínculos familiares por meio de auxílio material e orientação moral-doutrinária com vistas à promoção social e crescimento espiritual de crianças, jovens, adultos e idosos.

Seu trabalho alcança centenas de famílias. Doa enxovais para recém-nascidos, oferece refeições, cestas de alimentos, cursos para jovens, serviços de convivência e fortalecimento de vínculos para idosos e organiza doações de itens que são recebidos na Instituição e repassados a quem necessitar.

Essas atividades são organizadas pelas equipes do DAS e apoiadas com recursos financeiros da Instituição, dos frequentadores da Casa e por meio de doações recebidas, num grande exemplo de união e solidariedade.

Seja sócio-contribuinte da FEB, adquira suas obras e estará colaborando com o seu Departamento de Assistência Social.

FEB editora
Livro espírita para um novo mundo
www.febeditora.com.br
@febeditoraoficial
@febeditora

Conselho Editorial:
Carlos Roberto Campetti
Cirne Ferreira de Araújo
Evandro Noleto Bezerra
Geraldo Campetti Sobrinho – Coord. Editorial
Jorge Godinho Barreto Nery – Presidente
Maria de Lourdes Pereira de Oliveira
Miriam Lúcia Herrera Masotti Dusi

Produção Editorial:
Elizabete de Jesus Moreira

Capa, Diagramação e Projeto Gráfico:
Julio Moreira

Normalização Técnica:
Biblioteca de Obras Raras e Documentos Patrimoniais do Livro

Esta edição foi impressa pela Premiumgraf Serviços Gráficos Ltda., Belo Horizonte, MG, com tiragem de 1 mil exemplares, todos em formato fechado de 155x230 mm e com mancha de 125x185 mm. Os papéis utilizados foram o Offset 90 g/m² para o miolo e o Cartão 250 g/m² para a capa. O texto principal foi composto em fonte Agaramond 14/19 e os títulos em Trajan 27. Impresso no Brasil. *Presita en Brazilo.*